Languedoc-Roussillon

AURILLAC
VALENCE
AUMONT-AUBRAC
FIGEAC
MARVEJOLS
MENDE
LOT
MONTÉLIMAR
VILLEFRANCHE DE ROUERGUE
RODEZ
LOZÈRE
TARN
FLORAC
RHÔNE
PONT ST-ESPRIT
CÈZE
ORANGE
MILLAU
ALÈS
GARD
ANDUZE
UZÈS
GARD
LE VIGAN
AVIGNON
ALBI
GANGES
NÎMES
BEAUCAIRE
TARASCON
LODÈVE
LES-BEAUX
PT. RHÔNE
ARLES
AIGUES-MORTES
HÉRAULT
GR. RHÔNE
LA GRANDE MOTTE
MONTPELLIER
PALAVAS-LES-FLOTS
ORB
STE-MARIE
PÉZENAS
SÈTE
CANAL DU MIDI
BÉZIERS
LE CAP D'AGDE
CARCASSONNE
AUDE
NARBONNE
PAMIERS
AUDE
LIMOUX
PORT-LA-NOUVELLE
QUILLAN
PORT-BARCARÈS
AGLY
N
O
E
S
PERPIGNAN
TÊT
PRADES
50 KM
PYRÉNÉES-ORIENTALES
COLLIOURE
TECH
CÉRET
BANYULS-SUR-MER

Languedoc-Roussillon

Vorwort von

Jacques Blanc
Minister a. D.
Präsident der Region Languedoc-Roussillon

Einführung von

Gil Jouanard

Bildlegenden von

Jean-Daniel Baltassat
Anne Bragance
Jordi Pere Cerdà
Régine Detambel
Gil Jouanard
Jacques Laurans
Marie Rouanet
Max Rouquette
Yves Rouquette
Pierre Sansot
Joëlle Wintrebert

Fotografie von

Claude Bertrand
Philippe Boyer
Jacques Debru
Jean-Pierre Duval
Patrick Eoche
Daniel Faure
Jean-Paul Garcin
Alain Gas
Noël Hautemanière
Jacques Joffre
Jean-Marc Lallemand
Pierre Lassegue
Bernard Liegeois
Georges Lis
Alain Machelidon
Jean Nogrady
Paul Palau
Fernand Pervenchon
Geneviève Zimmermann

Übersetzung aus dem Französischen von

Claudia Hug

Bucher

Das «Hôtel de Région», Montpellier.

Vorwort

Wenn man in einem Wort die Eigenart des Languedoc-Roussillon zusammenfassen sollte, dieser zutiefst im Mittelmeerraum verwurzelten Region, so würde man wahrscheinlich zunächst an ihre Vielseitigkeit denken.

Der Küstenstreifen zwischen dem Rhônedelta und den Ausläufern der Pyrenäen begünstigte schon immer den Zuzug neuer Volksgruppen und den Austausch von Ideen. Die hier lebenden Menschen waren zu allen Zeiten für ihr schöpferisches Werk bekannt.

Das Languedoc-Roussillon war zwar ein gastfreundliches Land, wußte in Zeiten geschichtlicher Herausforderungen aber auch Widerstand zu leisten; man denke nur an die Katharer und die Kamisarden.

Die Landschaften des Languedoc-Roussillon spiegeln nicht nur das zur Zeit der Gallier entstandene Mosaik aus Stammesgebieten wider, sondern tragen vor allem den geographischen und klimatischen Gegebenheiten Rechnung: Die Vielfalt reicht von den Uferlandschaften entlang der Rhône, den Schieferlandschaften in den Cevennen, den versteckten Granit- und Basaltlandschaften im Lozère, den Garrigues. den Stränden und Ufern bis zu den Naturschutzgebieten am Mittelmeer, den Tälern der Cerdagne sowie des Capcir und den kargen Hügeln in den Corbières und im Minervois. Alle diese Landschaften zeugen von einer langen Geschichte der Zivilisation und einer tiefen Authentizität.

Die Landschaften, die ein Ganzes bilden, ohne dabei ihren individuellen Charakter zu verlieren, lernt der Leser durch die Augen von neunzehn Fotografen und die Beschreibungen von elf Schriftstellern kennen. Sie alle leben ohne Ausnahme im Languedoc-Roussillon, kennen und lieben diese Region aus tiefstem Herzen.

Jacques Blanc
Minister a. D.
Präsident der Region
Languedoc-Roussillon

Bilder, die Zeichen setzen

Menschen können Landschaften, in denen sie zu Hause sind, formen und gestalten. Es ist aber auch nicht zu leugnen, daß eine Landschaft ihre Bewohner ebenso prägt.

Dies trifft auch für die Menschen in den *civitas* und *pagii*, den Stämmen und Gemeinden, zu, die unter der Bezeichnung Languedoc-Roussillon zusammengefaßt werden. Vielleicht ist ihre Toleranz, aber auch ihr Eintreten für geistige Unabhängigkeit auf ihre im Lauf der Jahrhunderte erworbene Fähigkeit zurückzuführen, trotz großer Gegensätzlichkeiten friedlich zusammenzuleben.

In der Tat sind größere Gegensätze kaum vorstellbar – ohne näher auf ihre Eigenarten eingehen zu wollen, was zu groben Vereinfachungen führen könnte. Die Bewohner des Gard unterscheiden sich von ihren Nachbarn in den Cevennen, und die Menschen im nördlichen Lozère könnte man schon fast denen in der Auvergne gleichsetzen. Große Unterschiede bestehen auch zwischen den Bewohnern der Causses auf ihren einsamen Hochebenen, den Bauern und Winzern in der Ebene, den abgeschieden lebenden Menschen in der Camargue, den Mittelmeeranrainern, den Bewohnern der Aude und den freiheitsliebenden Katalanen.

Die geringste Änderung im Landschaftsbild läßt eine neue Region mit einer eigenen Identität entstehen, die eine kleine Welt für sich bildet. Der Reisende findet sich so mit jedem Schritt in einer anderen Umgebung wieder.

Ziel dieses Bildbandes war es, anhand der Aufnahmen von neunzehn im Languedoc-Roussillon tätigen Fotografen und der Begleittexte von elf ebenfalls dort lebenden Schriftstellern das sichtbar und erfahrbar zu machen, was die Kartographie und die Geschichtswissenschaft bereits erforscht und die großen Geographen Élisée und Onésime Reclus treffend beschrieben haben.

Jeder der Schriftsteller war aufgefordert, seine Eindrücke zu einer Reihe ausgewählter Fotografien niederzuschreiben, nicht in Form sachlicher Kommentare, sondern seinen Gedanken und Phantasien freien Lauf lassend.

Dadurch erklärt sich also der ungezwungene Tenor des Buches, der so in idealer Weise Land und Leuten gerecht wird.

Manchen werden vielleicht Auslassungen auffallen oder Landschaften, die unerwähnt bleiben. Die Herausgeber erheben mit diesem Bildband keinen Anspruch auf Vollständigkeit – was ohnehin illusorisch wäre. Sie wollen Bilder zeigen, die die Stimmung des Landes widerspiegeln, die das Auge fesseln oder den Leser gar dazu anregen, sich selbst in dieses herrliche Land aufzumachen.

Diesen Lesern wünschen wir eine schöne Reise und anregende Entdeckungen.

Die Herausgeber

■ **OBEN** Die Fischer am Étang de Thau legen ihre Netze aus. Sie haben sich auf den Fang von Meeräschen, Barben, Goldbarschen und Aalen spezialisiert. Daneben wird auch die Muschelzucht betrieben. ■ **SEITE 7** Für das malerisch auf einem Felsen gelegene Kloster Saint-Martin-du-Canigou legte Guifred, Graf der Cerdagne, an der Stelle einer Einsiedelei um 1000 den Grundstein.

Die rauhe Hochebene der Bondons ist die Schatzkammer der Megalithkultur des Lozère, in der die steinernen Kunstwerke über die Jahrhunderte hinweg eifersüchtig gehütet wurden.

SEITE 8

Die Felsen an der Abbruchkante der Causse Méjean, die wie Himmelswächter in die Höhe ragen, sind Zeugen aus der Kreidezeit, als ein Meer die Landschaft bedeckte.

Steine im Spiel mit dem Gleichgewicht: Granitfelsen am Mont Lozère.

SEITE 11

Die Sèvres-Vase, die aufrecht auf ihrem Regalbrett aus Karst hoch über dem träumerischen Lauf der Jonte thront, feiert den Sieg der Form über die Bewegungslosigkeit.

Wenn der Nebel aus den Tälern
steigt, schmiegt sich der ganze
Tarn murmelnd um die Felsen,
deren Schrei die Stille zerreißt.

Manchmal bildet das Wasser der Cañons feine Schleier, die im Aufsteigen die Wüste in ein Vorzimmer des Paradieses verwandeln.

Das Aubrac, diese dem irischen Connemara so ähnliche Landschaft, ist aus einer Aufwölbung der Erde entstanden. Die Grasdecke lichtet sich nur, um den Blick auf die blinkende Oberfläche der heiligen Seen freizugeben.

Im Herzen der Berge des Aubrac
liegt wie ein offenes Auge der
Erde der Lac Saint-Andéol. Er
hält die Erinnerung an uralte
Rituale lebendig, mit denen
Göttern verschiedenster
Herkunft gehuldigt wurden.

Barre-des-Cévennes, an der Eingangspforte zu den Cevennen gelegen, sammelt sich für den Ansturm auf die menschenleeren Höhen des Lozère.

Unter dem Druck der
Sonnenstrahlen steigt der Nebel
aus dem Wassergürtel um die
Causses empor und erstickt das
Echo der Steilabfälle.

Nîmes-le-Vieux, die Montpellier-le-Vieux so eng verwandte Stadt, riegelt mit ihren von spielerischer Hand verteilten Felsblöcken den Ostrand der Causse Méjean ab.

In bestimmten Augenblicken
schlägt sich der aus den Wiesen
des Lozère aufsteigende Tau
in Tausenden von duftenden
Blüten nieder ...

Der Truc des Bondons, diese durch die Genialität der Natur geschaffene Pyramide, wacht über das an seinem Fuß liegende Megalithfeld.

Von den Flanken des Bergs schweift der Blick über die Kuppen der Cevennen, die im Wechselspiel von Licht und Schatten den immer gleichen Traum der Berge träumen.

SEITE 22/23
In diesem Land, in dem die Pflanzen das ganze Jahr über vergeblich gegen den Fels ankämpfen, schlägt erst im Herbst die große Stunde der Flora.

La Caze, romantische Trutzburg im Südosten.

RECHTS

Farbsymphonie an einer der zahlreichen Windungen des Tarn.

SEITE 24

Altier, der Wachtposten im Nordosten des Gévaudan.

Versunken im Wachtraum vom
Ozean, der hier einst rauschte,
wartet das Dorf Fremma
seit langem darauf, von einem
Prinzen wach geküßt zu
werden – ein einfacher Wanderer
würde schon genügen ...

Der Winter ist vielleicht die Jahreszeit, die der alles durchdringenden Stille am besten gerecht wird, die das Lozère wie ein musikalisches Leitmotiv ausstrahlt.

Serre de la Luzette.
Der Maler setzte sich hier nieder, den Blick auf die sanft gewellten Bergrücken gerichtet, auf den tiefen Frieden ausstrahlenden Horizont. Er wollte das Panorama originalgetreu abbilden, aber sein Pinsel gehorchte ihm nicht. Am Ende mußte er zugeben: «Das Grün kann ich nicht besser erfassen.» Die gebieterische Natur antwortete nur: «Ich schon.»

Blick auf Le Vigan, Serre de la Luzette.
Das Pflanzenmeer mit seinen grünen Wellen kennt keine Stürme. Hier zählt nur die Schönheit, und allein die Wolken erleiden Schiffbruch.

Cabrières.
Büsche und zu Felszungen erstarrtes Gestein an einem Fluß, dem bis zum nächsten Regen die Erinnerung an Wasser fremd geworden ist.

SEITE 31

Cirque de Navacelles.
Bei genauerer Betrachtung kann man in der Kalkfront der Causses den Körper eines Elefanten erkennen, dessen Flanke eine Tätowierung in schönstem Grün ziert.

Der Pont du Gard.
Dieses Wunder aus hellem Stein,
das von römischer Hand über den
Abgrund der Zeit gespannt wurde,
schlägt mit seinen Girlanden
eine Brücke zwischen Hüben
und Drüben.

Sommières.
Azurblaues Antlitz mit Wetterwolken und wellengesäumten Steinen. Goldgeschmücktes Antlitz unter den ermattenden Strahlen der Herbstsonne.

Uzès.
Ob aus der Vogelperspektive oder
aus nächster Nähe betrachtet –
immer verzaubert Uzès, die
Bewahrerin der Vergangenheit,
mit ihrer Pracht.

Vézenobres.
Die Rebe hat ihr Versprechen einer guten Ernte gehalten. Jetzt schmückt sie Vézenobres mit dem Rot ihrer ermatteten Blätter. Jedes Dach im hochgelegenen und verschachtelten Dorf möchte mit dem Himmel auf du und du stehen.

Château de Portes.
Dieses stolz in den Himmel aufragende Schiff aus Stein, rein und klar wie ein Haiku, nimmt Kurs auf den Horizont und wird doch niemals ablegen.

Villeneuve-lès-Avignon.
Vasallen und Kurtisanen drängen sich am Fuß des Forts, das abweisend seine Schutzmauern erhebt und über die Rhône hinweg den ehemaligen Papstpalast bewacht.

SEITE 38/39

Aigues-Mortes.
Sie waren schon da, als Ludwig der Heilige diese imposante Festung erbauen ließ. Von Aigues-Mortes brach er zum Kreuzzug auf, von dem er nie zurückkehren sollte. Es sind die gleichen Schilfrohre, die sich über dem stillen Wasser wiegen, dem gleichgültigen Spiegel der Stürme, in denen Menschen und Wolken untergehen.

OBEN

Château de la Boissière.
Fabelwesen – Löwen, Hirsche und Einhörner – verteidigen den Ort in feierlichem Ernst gegen die Begehrlichkeit der Menschen und die Vergänglichkeit.

Die Maison Carrée, Nîmes.
Du stolzer und massiver Tempel mit himmelwärts strebenden Säulen, einsam im Rund der Häuser, was verbirgt sich in deiner Wasserspiegelung, wenn nicht die Vergänglichkeit der Menschen?

Saint-Gilles.
Im Schmelztiegel der Erde geformter Stein, hast du den Menschen geliebt, der dich dem Berg entriß, der dich zu Mauern, Gewölben, Säulen türmte, dir ein Gesicht und Beine gab und um deine Füße ein Gewand drapierte? Wandelst du in deinen Träumen?

Port-Camargue.
Am Anfang war die Stille.
Und das Wasser.
Dann kam der Mensch, und
mit ihm die Zeichen, das
Wort und die Schrift.
Am Ende hatte das Leben
dem Wasser seinen Stempel
aufgedrückt.
Und die Stille war verloren.

Camargue.
Ich habe mein Frühlingsgewand angelegt, mich mit dem Wind gegürtet, den Kopf mit meinem Helm aus Sand bedeckt, und nun erobere ich dich, Wasser, und du empfängst mich mit offenen Armen, du erbebst und benetzt liebevoll mein Gesicht.

Minerve.
Du fürchtest dich nicht vor dem Abgrund, wagst dich bis zum äußersten Rand vor. Du hast mit dem Wasser und dem Feuer getanzt, Weinlese und Ernte besungen. Du bist gestorben und wiederauferstanden. Der Schatten des Himmels liebkost dich.

SEITE 45
Saint-Guilhem-le-Désert.
Zwischen Felsen und Heide windet sich der Ort, gleich einer Straße für Riesen. Werden die Unebenheiten des Weges von den stolpernden Füßen der Riesen dem Erdboden gleichgemacht?

Mas du Crès, Galargues, Hérault.
In der Ferne ein Horizont aus
Bäumen. Ich gehe, und der
Himmel gibt mir sein Geleit.
Seine zerzausten Wolken schweben
über meinem Kopf; sie singen
ein kleines Lied vom Wind. Die
ganze Erde umspanne ich mit
meinen Schritten. Meine Füße
berühren China, meine Hände
reichen bis zur Sonne.

Oppidum d'Ensérune.
Gelb-, Grün- und Ockertöne, eine riesige Zentrifuge. Vielleicht das Netz einer riesigen Spinne? Die Felder kreisen in einem alles verschlingenden Wirbel. Man möchte der hypnotischen Anziehungskraft erliegen, sich in den Strudel werfen, sich der Unendlichkeit, dem Geheimnis ausliefern.

Kathedrale Saint-Nazaire, Béziers. Flammende Kirche, du brennst noch heute. Die letzten Sonnenstrahlen und die ersten elektrischen Lichter lassen deine belagerten Mauern im roten Schein leuchten. Du bist auf dem Scheiterhaufen festgebunden, gefesselt von den Brücken, die dich der Welt ausliefern. Nur der Fluß entkommt, fließt frei unter den Brückenbögen hindurch.

Notre-Dame-de-Londres.
Weißt du, wovon in diesem Bild die
geheimnisvollste Ausstrahlung
ausgeht?
Nein, nicht von den Weinreben,
die das Sonnenlicht einfangen.
Auch nicht von dem prachtvollen
Schloß, auf dem sich der Glanz des
Himmels widerspiegelt.
Allein von der hoch aufragenden
Zeder, dem stolzen und finsteren
Riesen.

Jardin du Peyrou, Montpellier.
Ich betrachte die dicken grünen Zweige, die sich unentwegt wiegen. Von Zeit zu Zeit stecke ich meine Faust und meinen Unterarm in ein von der Fäulnis geschaffenes Loch, bis mein Ellbogen blutet.

SEITE 51
Château d'Eau, Jardin du Peyrou, Montpellier.
Auf der Postkarte war die Fassade vergoldet und die Kapitelle bestanden aus dicken Silbertropfen. Nie hatte ich etwas Schöneres besessen als diese wie von rotgoldenem Metall überzogene Karte, die in ihrem Glasrahmen noch mehr leuchtete.

Die Oper von Montpellier.
Wir warteten darauf, von Schlingpflanzen überwuchert und von allem Fleischlichen losgelöst zu werden, wir warteten darauf, zu toter Materie zu werden wie unsere Fingernägel und frei von Schmerzen wie unsere Haare.

Fontaine des Trois Grâces, Montpellier.
Ich spürte, wie meine Haare sich vor dem Hintergrund aus Buschwerk und Stein wie ein Heiligenschein abhoben. Mein Kopf war von Wolken umgeben. Wenn ich die Augen senkte, nur die Lider, ohne das Kinn und die Schultern zu bewegen, sah ich Geißblatt, Winden und Wicken und lockte sie, zu mir nach oben zu wachsen.

Place de la Comédie, Montpellier.
Um mich zu berühren, mußten sie sich weit ins Wasser vorwagen. Sie gaben aus Angst um ihre Strümpfe oft auf, wandten sich ab und gingen davon. Der feine Regen hatte ihre Haare durchnäßt, und ihre Gesichter waren rot vom Wind.

Étang de l'Or.
Ich blieb stehen, richtete mich hoch auf und legte den Kopf in den Nacken, bis mir vom Vorüberziehen der Wolken schwindlig wurde und ich einen großen Schritt zur Seite treten mußte, um mein Gleichgewicht wiederzuerlangen.

Lac du Salagou.
Der See lag da wie ein Trugbild, glitzernd wie eine Lache im Feuerschein. Beim Näherkommen sah ich, wie Fischlaich von den Strömungen unter der Wasseroberfläche in großen runden Flecken ans Ufer getrieben wurde.

Le Grand Bleu
RESTAURANT LE GRAND BLEU
LE LAMPARO

Sète.
Bei genauerem Überlegen unterscheidet sich das dunkle Wasser der Kanäle, das belebte Wasser der Häfen kaum vom lauwarmen und bis zum letzten Tropfen genutzten Spülwasser in der großen blauen Blechwanne und der Spüle.

SEITE 56

Sète.
Man stieß schnell auf beschädigte Fassaden voller Schrunden und Löcher, markant wie Akzente. Die tiefen Wunden hatte man mit leuchtenden Farben wie mit roter Jodtinktur bestrichen.

Redoute de Ballestras und Museum Albert-Dubout, Palavas-les-Flots. Der Weg war voller Fußangeln und Fallgruben, unsicher, verwirrend, gefährlich wie eine Schlucht, gebogen wie ein Dach, im Zickzack verlaufend wie eine rostige Dachrinne. Man bewegte sich wie ein Seiltänzer auf einem schlaffen Seil. Und Tag für Tag griffen das Meer und der Wind die Brüstung an, nagten an der Bemalung und ließen die Farbe mehr und mehr abblättern.

La Grande-Motte.
Die Kähne schufen Echos, sie vervielfachten die Schreie, verstärkten den Streit und ließen den Husten widerhallen. Alle Klänge wurden durch sie weitergeleitet. Sie riefen jede nur denkbare Geräuschhalluzination hervor. Manchmal glaubte man am Strand den dumpfen Klang einer Grotte zu hören, dann wieder das Hallen einer Kathedrale oder die Stille der Wüste.

Die Lagune ist das Vorzimmer des Meeres. Sie läßt die Menschen Geduld, Weite und die Langsamkeit der Zeit spüren.

Die Lagune lehrt den Betrachter, den Raum in Abhängigkeit von einer Dimension zu ermessen, während das Meer sich über den Raum erstreckt, bis es darin versinkt. Die Oberfläche des Sees hat dem Menschen sozusagen die ersten Lektionen in Geometrie beigebracht.

Carcassonne.
Erfüllte Stunden! Die Weinreben und die hohen Mauern trösten sich gemeinsam über das Ende eines Tages hinweg, der die Süße in die Beeren treibt.

Carcassonne.
Die Dualität der Masken steckt voller Tragik: Auf der einen Seite die Kraft, auf der anderen Seite die lächelnde Stadt Ludwigs des Heiligen. Unter welcher Maske würde sich wohl Antigone verbergen, um dem unerbittlichen Kreon entgegenzutreten?

In der sprühenden Gischt der Kaskade fühlt man das tiefe Glück der Vergänglichkeit.

SEITE 64

Château de Quéribus.
Die Hüter des Geheimnisses lebten anderswo, spannen und webten Wolle, arbeiteten und beteten. In der Burg gibt es nur Leere, Touristen und die Schreie der Krähen.

Die Erde hat nicht vergessen, daß sie aus dem Wasser geboren wurde. Im Pflanzenwuchs wiederholt sie unaufhörlich ihren ersten Eindruck: den Blick staunender Überraschung.

Cucugnan.
Ein Dorf ohne dominante Burg
oder hoch aufragende Kirche.
Ich ordne die Häuser wie Schafe
einer Herde im Kreis an, umge-
ben von Feldern. Herdwärme,
Bettwärme: Ich bin ein Schoß.

Canal du Midi.
Auf der Brücke seines «Schiffes» gleitet der König in Schrittgeschwindigkeit vorüber und nimmt die Parade der Bäume ab. Vom Sonnenlicht ermüdet, neigen sie sich zur Seite.

SEITE 68

Minervois.
Der Kanal, eine von Bäumen gesäumte Wassernaht mit einer Straße als blauer Borte, empfängt den Spaziergänger mit der Gastlichkeit eines gut geführten Hauses. Am Ende des Weges kocht eine Fee Konfitüre: Zuckerwolken steigen aus ihrem Kessel auf.

SEITE 70/71

Village d'Eus.
Selbst wenn diese steinerne Faust das frohe Fest der Geburt Christi kennt, selbst wenn die Meßgewänder geschmückt sind mit gestickten Engeln aus weißer Seide und dem Sohn aus Gold, kann man doch nie vergessen, daß die Hand Gottes deutet, richtet, straft.

Ille-sur-Têt.
In den Gärten von Ille drängen die schwarzen Feigen zur Reife. Die Feentürme wachen über die dunkle und wilde Schönheit der jungen Pflückerinnen.

SEITE 73

Gorges de Galamus.
Der Eremit hat seinen Garten auf dem Felsüberhang über der Schlucht angelegt. Er wandelt hin und her, und ihm schwindelt vor der Höhe wie vor dem Abgrund seiner Seele. Er weiß wohl, daß ihm die größte Gefahr nicht von der Schlucht und dem reißenden Fluß droht.

Lac des Vives.
Wie eine dargebotene Perle liegt der See da, umgeben von staubigen und verlassenen Wegen. Ein leuchtendes Geheimnis, in dem man nicht nur sich selbst, sondern auch die Liebe verlieren kann.

Céret.
Hier lebte Edmund Brazès, Perückenmacher und fernöstlich inspirierter Dichter, der sich selbst als von Kirschen lebender Vogel bezeichnete. Vor der Kulisse des Canigou wurde sein Katalanisch so durchscheinend wie eine Vase aus der Ming-Zeit.

Wald von Font-Romeu.
So lange sind wir schon unterwegs. Kaum zu glauben, daß es hinter dem Horizont der Berge, jenseits des Schnees und der kältestarren Hände ein Heiligtum gibt, das uns wie ein sicherer Hafen empfängt, und Hände, die man halten kann.

SEITE 76
Carlit.
Zu Zeiten, wenn sich das Wasser der Seen tiefschwarz färbt, kann man dort Sirenen finden. Aber unterhalb des Carlit ist die Stille so tief, daß man sie in allen Sprachen der Welt um Hilfe rufen hört.

LINKS
Steinbock.
Das stolze Tier stellt sich in Positur wie ein Rekrut, der ich nie war. Es wirft sich in die Brust wie Millionen von Dummköpfen in der ganzen Welt, aber bei ihm hat diese Geste etwas Schönes.

Cuxa.
Tonne um Tonne von Schlamm
siebten die Goldgräber; übrig
blieb ihnen ein kostbarer Gold-
klumpen in der hohlen Hand.
Jahrhundert um Jahrhundert ist
vergangen; in der zitternden Hand
des Tals blieb das Gold der Pappeln
und das schwarz emaillierte
Elfenbein eines Klosters.

Salses.
Diese Grenzburg wird weder von Wüste noch von Belagerern bedroht; auch die Grenze von damals ist verschwunden. Nur Reben ringsum und im Dorf Winzer, von denen einer für seine Romane berühmt ist und dessen Fotografien mich noch stärker anrühren als seine Bücher: Claude Simon.

Collioure.
Was ist mir in Collioure, dem einstigen Hafen der Könige von Mallorca zu Zeiten ihrer Regentschaft in Perpignan, am liebsten? Zwischen dem kupferroten Glockenturm, dem Tanz der Sardana am Hafen, den ruhenden Barken oder den gesalzenen Anschovis wähle ich ohne Zögern die Anschovis.

Canet.
Der echte Fischer ist an den Lagunen zu finden. Er ist ein Bauer, der das Salzwasser pflügt, eggt und beerntet, in Canet genauso wie in Capestang, Bages, Mauguio.

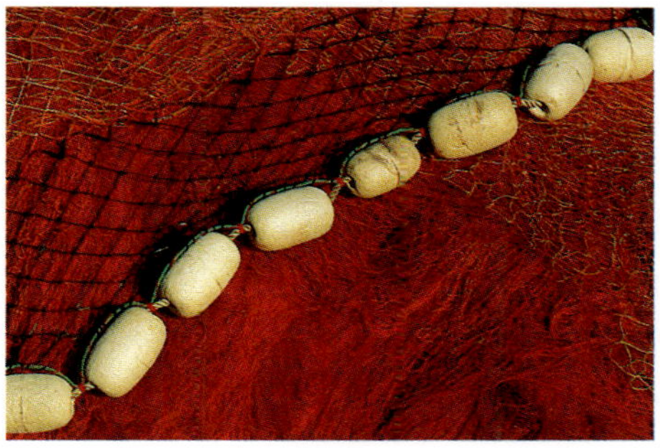

RECHTS

Port-Barcarès.
Ihr Gefängnis hat mich in meinem Haus heimgesucht, und mein Haus ist durch die Löcher ihres Gefängnisses entschlüpft, und nun bin ich ein Gefangener ohne Haus. Wie lautet die Lösung des Rätsels? (das Wasser, das Netz, der Fisch).

Prozession in Perpignan.
Er nannte sich der Menschensohn und verkündete voller Freude das Ende des Allmächtigen, die gute Nachricht vom Vater, der die Rückkehr seiner Söhne erwartet. Sie waren außer sich: «Gott ist Gott», schrien sie, «in Herrgottsnamen!», diese Feinde alles Lebendigen, die Tote verehren.

SEITE 83
Prozession in Perpignan.
Nehmt teil am Schmerz, der mich hat erblassen lassen; kleidet euch in schmucklose schwarze Gewänder. Seht neben meinem dargebotenen Herzen das Leichentuch des Geliebten.

Machicon
SPECIALITES CATA

Collioure.
Die Anmut ihres Tanzes läßt sie sich über das Wasser erheben. Die Klänge der Brüderlichkeit entrücken sie allem Irdischen.

SEITE 84

Die Pechnase. – Ist dieser Kasper eine katalanische Spezialität? Aber wer ist hier die Puppe und wer der Mensch?

SEITE 86

Aus den Tiefen der Gorges de Galamus steigt ein altersloses, rauhes Tosen auf, das sich langsam an den Wänden der Höhleneinsiedelei bricht. Die Badenden und Wanderer genießen dagegen einfach die kühle Frische des Flüßchens.

OBEN

Saint-Cyprien.
Immer wieder neu und anders: Das Meer ist nicht nur der metaphysische Raum, der dem Geist zu schweigen gebietet, sondern auch das beliebteste Ziel für die Sommerferien. Wo die Sonnenschirme blühen, regnet es Sonnenstrahlen ...

Collioure.
Der Kahn wiegt schwer und mutet wie eingeschnürt an. Verwunderlich, daß er nicht auf dem Sand des Ufers schwebt, so wie andere Kähne auf der Wasseroberfläche schwimmen. In seiner Schwerfälligkeit und mit dem Gewirr seines Seils haftet ihm etwas Barbarisches an, nicht unähnlich den Kaimauern im Hintergrund.

Dieser Morgen steht unter einem guten Stern. Während sich die Sonne erst schüchtern am Himmel zeigt, versichert uns ein in leuchtendes Gelb gekleideter Mann lautstark, daß der Fang gut und das Leben lebenswert ist.

Er ist robust, unerschütterlich, stämmig. Nicht nur sein Unterarm, auch sein Kopf und sogar seine Ohren sind knotig, sehnig. Selbst Alkohol kann diesem stattlichen Körperbau nichts anhaben, kann diese Entschlossenheit nicht schwächen.

Verarbeitung von Lindenholz. Werden sich diese beiden Reihen jemals berühren, so wie sich Parallelen im Unendlichen schneiden? Und werden sich diese Männer, die die gleiche Arbeit Rücken an Rücken verrichten, jeder in seiner Einsamkeit gefangen, eines Tages ins Gesicht sehen? Sie sind Teil eines geometrisch anmutenden Bildes, dem das Wogen der Wälder und die Regungen der menschlichen Seele fremd sind.

Weinlese.
Ringsum nur Weinreben. Man muß sich einen Weg durch Weintrauben, Pfähle und Blätter bahnen, so wie andere sich durch das Dickicht eines Urwalds schlagen. Jetzt schnell hinabsteigen in die Kelterei, um die kostbare Ernte einzubringen.

Der Winzer schwenkt das Glas, um im Wechselspiel von Licht und Halbdunkel die Güte des Weins zu prüfen. Er steckt eine Hand in die Hosentasche und setzt eine Miene entspannter Gelassenheit auf, wohl wissend, daß Ungeduld das Auge und die Urteilskraft trübt.

Carcassonne.
Ob es sich nun um Steine oder Rebstöcke handelt, die Hand des Menschen trennt sie, fügt sie zusammen, bearbeitet sie, liebkost sie; die Hand des Menschen erweckt sie zum Leben.

Unverwechselbarer Geruch
von Kastanienholz, dem die Zeit
sein Gepräge verliehen hat.
Der Mensch begibt sich in die
feuchte Stille der Kellergewölbe,
sein achtsamer Schritt wird
in die Erdtiefen versenkt, wo
der Wein zu sich selbst findet,
sich erschafft.

Limoux.
Diese Frau aus dem Volk trägt den ekstatischen Gesichtsausdruck einer Heiligen oder einer Verrückten. Sie genießt mit geschlossenen Augen die zarte Liebkosung der Konfetti, die um ihren Körper herum rieseln. Fast scheint es, als würde sich die Welt in Aufwallung befinden, nahe daran, in Luft aufzugehen.

Limoux.
Die Nacht gehört ihnen. Der Karneval ist kein harmloses Vergnügen. Tierhafte, mit dem Menschen nur entfernt verwandte Wesen ziehen durch die Finsternis. Wie wird ihre Sarabande enden?

OBEN

Prades-le-Lez.
Die Weinlese, eine jahrtausendealte Tradition im Mittelmeerraum. Das uralte Fest des Bacchus. Wohlstand als Zeichen für die Menschen, daß die Erde ihnen gesonnen ist. In den Herzen erwacht plötzlich Freude, Licht, Lebenslust. Gesang ertönt und ruft zum Tanz. Alles faßt sich an den Händen, Friede erfüllt die Herzen.

Die Kais von Marseillan.
Marseillan läßt an Marseille denken. Auch hier reiht sich Kai an Kai, doch ohne die Unruhe der Hafenstadt. In Holzfässern reifen so erlesene Tropfen wie die Wermutweine von Noilly-Prat, für die Marseillan in der ganzen Welt berühmt ist. Und für die warme, helle Farbe des Göttertranks, Quelle von Träumen.

SEITE 100

Valmagne.
Elegant und kühn streben die Spitzbögen gen Himmel; das Gewölbe – ein Ort des Gebets und der stillen Betrachtung. Und zu Füßen der Pfeiler als handfeste Zeugen der Wirklichkeit die großen Weinfässer, Kostbarkeiten ganz anderer Art.

Étang de l'Or.
Im Languedoc schützt die Weite der Lagunen die Felder vor der Wut des Meeres. Sie sind der natürliche Lebensraum für eine Vielzahl von Vögeln und Fischen. An ihren Ufern hat sich eine ganz eigene Lebensweise entwickelt; Hütten und flache Barken zeugen davon. Die Menschen betreiben Fischerei und Jagd. Sie führen das ungebundene Leben der Pioniere, weit entfernt von der Zivilisation.

OBEN
Einsame Fischer auf dem glänzenden Spiegel des Himmels. Als wären sie einem chinesischen Wandschirm entstiegen, so kostbar erscheint das Bild. Die auffliegenden Flamingos, fein wie Seidenstickereien, projizieren jähe Lichtflecke oder geheimnisvolle Schatten.

Sète.
Während Maguelone und Aigues-Mortes noch am Horizont des Meeres träumen, hat das ungleich jüngere Sète dem Land den Rücken zugekehrt. Es fühlt sich als Insel und blickt aufs offene Meer. In ihrem Hafen verkehren Fischerboote und Frachtschiffe. Ungewöhnliche Häuser aus dem mediterranen Raum säumen die Kanäle. Und auf den Türschildern stehen die Namen von Fremden, die über das große Meer kamen.

Das Fischerstechen auf dem großen Kanal in Sète. Erinnerungen an mittelalterliche Turniere werden auf dem ruhigen Wasser wach. Der hohe Oboenton und die dumpfe Trommel ziehen die feiernden Menschenmassen an. Beim Aufeinandertreffen der beiden Boote wird der Besiegte, Lanze und Schild noch in den Händen, vom buntbemalten Bug in die Fluten stürzen.

Sète.
Beim Fest Ludwigs des Heiligen am 25. August. Eine unüberschaubare Menschenmenge steht dicht gedrängt an den Kais und jubelt den Siegern zu, nachdem sie über den Sturz der Verlierer gelacht hat. Ich träume von Sirenen, denen diese rauhen Krieger den Siegerkranz darbringen könnten.

Der Blick. Er umfaßt alles: den Raum, das Leben, den Tod, die Menge, die Zeit ... Tier und Mensch stehen sich von Angesicht zu Angesicht, Auge in Auge gegenüber. Und beide wissen, daß das Spiel des Schicksals und des Vergnügens für den vorüber ist, der zuerst die Lider senkt.

Nîmes.
Es gab einmal eine Zeit, als die Welt ein Kreis war und die Menschen das Leben als einen gleichmäßigen und unabänderlichen Lauf auf einer vorgegebenen Bahn verstanden. Die Götter thronten im Inneren des Kreises, und die Angst war nach außen verbannt. Damals schmiegten sich die Körper der Städte um das bebende Herz der Arena. Heute müssen wir sogar in unseren Tänzen mit Winkeln und Parallelen leben.

Viele halten die «course de razet», eine spielerische Form des Stierkampfs, für harmloser als die Corrida, weil dabei das Lachen an die Stelle des Blutes getreten ist und der Sprung an die Stelle des Dolchs. Mehr noch als die Faena, der echte Stierkampf, zeugt sie jedoch von unserer Besessenheit, das Wilde und Dunkle wie ein flinker Vogel herauszufordern, der Raserei der Natur wie ein provozierender Phönix überlegen zu sein.

Vereint in einer harmonischen Bewegung, einem einzigartigen Lauf, kunstvoll und schön ... Er ist Ausdruck unserer uralten Bindung, der Verbrüderung zwischen den Lebewesen, der mächtigen Solidarität zwischen Mensch und Tier, die aus Gesten, Gerüchen, Blicken und Worten gewebt ist. Er ist auch Ausdruck unserer Sehnsucht, der fast verblaßten Erinnerung an die Liebe zu unserer Welt.

Die Schönheit gleicht immer der Morgenröte und der Abenddämmerung, wenn der Mensch nur ein Punkt ist, der sich am Horizont verliert. Und seltsamerweise ist er nur dann, als winziger Farbfleck, der auf ein nie genanntes Ziel zugaloppiert, an seinem Platz.

Manchmal kann man sich vorstellen, daß nur die Langsamkeit uns über Jahrhunderte hinweg gerettet hat. Das langsame Wiegen der Hüften, während uns unsere Beine nicht schneller als die Strömung in einem Moor vorantrugen. Damals konnte man sich bücken, um in aller Ruhe die Früchte der Zeit zu schneiden und sich daraus ein Dach zu errichten.

Was ist der Grund dafür, daß in der Trunkenheit nicht nur Überfluß und Leidenschaft liegen, sondern auch Trockenheit? Der Wein wächst aus dem trockenen Staub zwischen den Steinen empor, und diese Kargheit füllt die Fässer, bevor sie unsere Phantasie beflügelt. Aber die Trockenheit bleibt dennoch im Herzen der Betrunkenen wie eine Erinnerung an die Steine, die am Anfang standen.

Die Kirschbäume feiern Hochzeit, und in den Kokons regt sich Leben. Die Stämme tragen das glänzende Blau von Seelen, die ihre Hände ausstrecken. Die Zeit spinnt Fäden von einem Frühling zum nächsten, und wir hasten von einer Jahreszeit zur nächsten, voller Hoffnung auf neue Hochzeiten und ein Leben in Seide.

Es ist wahr: Unsere Landschaften sind noch von der alten Geschichte geprägt, die langsam vergeht wie ein Markt im Herbst. Im Heute ziehen die Rosenfelder der Zukunft schnurgerade Parallelen. Doch an ihrem Ende in grenzenloser Ferne wartet immer noch das Labyrinth der Zeit unter einem gähnenden Himmel. Wir können uns dennoch an seinem Eingang niederlassen und in Frieden die Bohnen und Oliven unser Vorväter verzehren. Auch wenn wir uns wie Eroberer gebärden, sind wir doch schon seit langem seßhaft.

Almauftrieb.
Berghänge wie zerknittertes Papier. Tiefschwarze Tannen und viele blühende Kräuter. Man stellt sich schon die Aussicht von den fernen Gipfeln vor. Die magnetische Anziehungskraft der Ferne läßt den Betrachter nicht los. Die Schafe warten auf das Signal zum Aufbruch.

Monsieur Couderc.
Der Mann konzentriert sich auf ein Ziel, das wir nicht kennen. Der gute Hirte geht ganz in dieser Aufmerksamkeit auf und läßt sich durch nichts ablenken. Er richtet die Augen auf den Horizont der Welt.

Cevennen.
Der rote Regenschirm ist allgegenwärtig. Nur durch ihn wird die Landschaft zu einer Komposition, zu einem Bild. Alles ordnet sich in abgestuften Farbflächen an. Zwei oder drei schwarze Lämmer nutzen ihre Chance und setzen einen dunklen, aber wohlklingenden Schlußakkord.

Am Col de l'Hospitalet.
Kann man sich einen größeren Kontrast von Leben und Natur vorstellen? Die Perspektive wird ins Unendliche gedehnt: die große Weite, die von der Ferne bis zur nächsten Nähe reicht, bis zum Abhang, der die Rücken der jungen Lämmer in einer gemeinsamen Bewegung beugt.

Mont Lozère.
Der Hang ist steil, aber die Kuh kümmert das nicht.

RECHTS

Aubrac.
Derselbe Arbeitsrhythmus, jeden Tag zur gleichen Stunde. Die Parallelität verstärkt den Eindruck kraftvollen Zupackens. Die Stirn an das Tier gelehnt, an seine breite und weiche Flanke. Die weiße Farbe lauwarmer Milch und der Gleichklang der Bewegungen.

Die Küche mit der niedrigen Decke atmet zwischen alten Mauern. Élie Pagès lädt uns zum Sitzen und Reden ein. Lauschen wir dem Raunen zwischen den Dingen, in der nach Rauch und warmem Gemüse duftenden Küche.

RECHTS

Soulages (Lozère).
Kein Baum wurde gefällt, um die breiten Mauern der Steinhäuser zu errichten. Der Erfindungsreichtum der Menschen stand noch im Einklang mit der Natur. Alles ruht in sich, gebaut wie für die Ewigkeit.

Col d'Ommenet.
Diese Landschaft ist paradiesisch
wie ein Geschenk des Himmels.
Der Frühling färbt die Hänge gelb
und läßt das Grün hochschießen.
Beglückender Ausflug zu Pferd.
Geduldig und langsam schreitet
der Schimmel voran.

Klares Licht liegt auf dem Heidekraut. Der Weg windet sich, Kurven sanft und anmutig. Die Landschaft ist blau und reingewaschen; die Landschaft ist grün. In der Ferne ein geschlossenes Band aus weißen Wolken.

SEITE 124

Gorges du Tarn.

Die Idealgestalt einer Landschaft läßt sich manchmal auf einige wenige Züge reduzieren. Klare Linien und überschaubare Dimensionen. Häuser, die in der richtigen Höhe errichtet wurden. Dicht gedrängt und von gleichmäßiger Proportion.

OBEN

Hauterives.

Fluß und Vegetation verschmelzen zum gleichen Grünton; zum gleichen Grün, das bis zu den Dächern der Häuser reicht. Wie soll man den Frieden beschreiben, den diese Landschaft aus Blättern und klarem Wasser ausstrahlt?

Der Tarn, benannt nach dem
keltischen Gott Taranis, bahnt
sich einen Weg aus Licht
und Klang durch den Kalkstein
der Causses.

FOTOGRAFIE VON

- Claude Bertrand
  59 (unten).
- Philippe Boyer
  106 (oben).
- Jacques Debru
  58, 102 (oben), 109 (oben).
- Jean-Pierre Duval
  46, 88, 112, 115, 120 (oben), 121.
- Patrick Eoche
  31, 37 (unten), 56, 65, 73, 95 (unten), 97, 101 (oben), 104, 105 (oben).
- Daniel Faure
  4, 6, 9, 11, 13, 14, 16, 17, 18, 19, 20, 21, 24, 25 (oben), 27, 28, 29, 34, 37 (oben), 38/39, 41, 44, 45, 49, 54, 60, 66, 67, 70/71, 79, 80, 87, 89 (unten), 93, 94, 96, 98, 99, 100, 106 (unten), 107 (unten), 110, 113 (unten), 118, 119, 120 (unten), 122, 123, 124, 125, 126.
- Jean-Paul Garcin
  64, 68, 77 (oben), 95 (oben).
- Alain Gas
  12, 15, 26, 32, 35, 36, 40, 55, 62, 105 (unten), 111.
- Noël Hautemanière
  53 (oben), 76, 77 (unten), 81 (oben), 81 (unten), 82, 83, 84, 85, 86, 89 (oben), 90, 91, 92.
- Jacques Joffre
  25 (unten), 48, 50, 51, 52, 53 (unten).
- Jean-Marc Lallemand
  57, 101 (unten), 102 (unten).
- Pierre Lassegue
  103.
- Bernard Liegeois
  30, 33, 59 (oben), 116 (unten), 117.
- Georges Lis
  108, 109 (unten), 116 (oben).
- Alain Machelidon
  63.
- Jean Nogrady
  8, 10, 22/23.
- Paul Palau
  7, 47, 61, 69, 72, 74, 75, 78.
- Fernand Pervenchon
  107 (oben).
- Geneviève Zimmermann
  42, 43, 113 (oben), 114.

BILDLEGENDEN VON

- Jean-Daniel Baltassat
  106 bis 115.
- Anne Bragance
  28 bis 37.
- Jordi Pere Cerdà
  60 bis 63, 66, 94 bis 97.
- Régine Detambel
  50 bis 59.
- Gil Jouanard
  9 bis 14, 16 bis 27, 126.
- Jacques Laurans
  116 bis 125.
- Marie Rouanet
  67 bis 69, 72 (unten). 74, 77 (oben), 78, 81 (unten), 83.
- Max Rouquette
  38/39, 100 bis 105.
- Yves Rouquette
  65, 72 (oben), 75, 76, 77 (unten), 79, 80, 81 (oben), 82 (oben).
- Pierre Sansot
  84 bis 86, 88 bis 93, 98,99.
- Joëlle Wintrebert
  40 bis 49.

DANKSAGUNG

Der Verlag bedankt sich für die hilfreiche Unterstützung bei der Region Languedoc-Roussillon und ganz besonders beim Centre Régional des Lettres und beim Comité Régional du Tourisme.

GRAPHISCHE KONZEPTION
• Christophe Meier
30250 - Sommières

GRAPHISCHE REALISIERUNG
• Olivier Jourdan

KOORDINATION DER DEUTSCHEN AUSGABE
• Nicole Leppin, Cornelia Schubert

REDAKTION DER DEUTSCHEN AUSGABE
• Christa Klus-Neufanger, Cornelia Schubert

LITHOGRAPHIE
• Quo Media
92150 - Suresnes

DRUCK
• Imprimerie Fournier
31130 - Toulouse Balma

Printed and bound in France

ISBN 3 7658 1137 8